KB264863

한글세대를 위한 독송용

보현행원품

무비 스님, 조현춘 공역

우리출판사

普賢行願品

般若 中國漢語譯
반야 중국한어역

일 러 두 기

1. 범어본, 영어본, 한글본을 모두 참고하여 현대 한글로 번역하였다. 참고하여 읽기 편하도록 '반야선사의 중국한어(中國漢語)역' 을 대역식으로 제시하였으나, 낱자 수준에서는 순서가 맞지 않은 것도 있을 수 있다.

2. 각주를 붙여서 이해를 도우려고 했다.

3. 경전상의 산문 부분인 장항(長行)과 운문 부분인 게송(偈頌)을 구분하여 편집하였다.

4. 다섯째 행원, 여덟째 행원 등 이전의 번역에서 뜻이 분명하지 않거나 오해의 소지가 있는 부분에 대해 대폭적인 재번역을 하였다.

5. 괄호는 결집자의 설명을 나타내며, 중국한어본에서 사용한 띄어쓰기나 마침표, 쉼표 등은 독자들의 이해를 돕기 위해 시도한 것이다.

역자 서문

　'사람은 어떻게 살아야 하는가?' 라는 의문은 사람의 역사가 시작됨과 동시에 있어온 문제일 것입니다. 이것은 매우 어려운 문제지만 그러나 쉽게 대답할 수 있는 말은 '사람으로서 가장 사람답게 사는 일' 이라고 할 수 있을 것입니다. 그렇습니다. 사람인 이상 무엇보다도 중요하며 우선해야 할 일이 있다면 그것은 사람으로서 가장 사람답게 사는 일입니다.

　그렇다면 또 어떻게 사는 것이 사람으로서 가장 사람답게 사는 일이겠습니까? 그 문제에 대한 올바른 길을 제시하기 위해서 그동안 수많은 현철들이 세상에 오시어 많은 가르침들을 남겨 놓았습니다. 불교 역시 사람이 사는 올바른 길을 위한 팔만 사천의 가르침이 있습니다.

　보현행원품이란 구체적으로 풀어서 말하면 '가장 이상적인 삶을 실현하는 보현 성자의 실천 덕목' 이라고 할 수 있습니다. 그러므로 보현행원품을 불교의 모든 가르침의 총결론이라고 합니다. 나아가서 보현행원품은 모든 성현이나 철인들이 탐구했던 삶의 문제에 대한 최종 결론일 수도 있습니다.

　기계 문명의 발달로 인하여 물질을 누리는 삶은 눈부시게 풍요롭

고 편리하게 되었으나 '사람으로서 진정 사람답게 사는 것이 무엇
인가' 라는 문제에서는 실로 그 의문이 적지 않습니다.

　이번에 보현행원품을 공역한 대심거사 조현춘 교수님은 심리학
을 연구하여 후학들을 가르치는 한편, 행복훈련원을 세워 많은 사
람들에게 행복의 길을 안내하는 참으로 소중한 일을 하시는 분입니
다. 더구나 근래에는 부처님의 가르침에 심취하여 '화엄경과 화이
트헤드' 를 공부하는 모임을 지도하고 있습니다. 그리고 지난 해에
는 금강경을 번역하여 많은 사람들에게 금강경을 새롭게 인식시키
기도 하였습니다.

　이번에 다시 보현행원품을 공역하여 '사람이 어떻게 하면 진정
사람답게 사는가? 라는 문제에 해답을 드리고자 한 것입니다. 모쪼
록 보현행원품 독송을 통하여 그 인연공덕으로 삶의 의미를 깨닫게
되기를 바랍니다.

불기 2544년

如天 無比

장 항

(長行)

  (보현 보살 마하살께서 부처님의 높으신 공덕 장엄을 찬양 · 찬탄하고 나서, 보살님들과 선재 동자님께 말씀하셨습니다) 선남자여, 부처님의 공덕 장엄은 시방 세계 모든 부처님들께서 불가설불가설[1] 불찰극미진수[2] 겁 동안 계속 말씀하시더라도 다 말씀하지 못하십니다. 이러한 공덕 장엄을 이루려면, 열 가지 넓고 큰 행원을 닦아야 합니다.

---

1) 불가설불가설은 '정말 도저히 말할 수 없이 많은 수' 라고 해도 되고, 10의 7승을 28번 계속적으로 제곱한 수, 즉 10의 1,879,048,192승으로 보아도 된다. 어쨌거나 현재 우리로서는 도저히 상상을 초월하는 수이다.

2) 미진은 '인간의 지혜로 상상할 수 있는 가장 작은 먼지 가루' 를, 불찰미진수는 '우주를 부수어 미진으로 만들었을 때 생기는 미진의 수' 를 말한다. 불찰극미진은 '불찰미진을 다시 불찰미진수 개로 부수었을 때 생기는 작고 작은 먼지 가루' 를 말하며, 따라서 불찰극미진수는 '불찰미진수의 제곱' 을 의미한다.

(爾時 普賢菩薩摩訶薩 稱歎如來勝功德已, 告諸菩薩 及善財言) 善男子, 如來功德 假使 十方 一切諸佛 經 不可說不可說 佛刹極微塵數 劫 相續演說, 不可窮盡. 若欲成就 此功德門, 應修十種廣大行願.

(이시 보현보살마하살 칭탄여래승공덕이, 고제보살 급선재언) 선남자, 여래공덕 가사 시방 일체제불 경 불가설불가설 불찰극미진수 겁 상속연설, 불가궁진. 약욕성취 차공덕문, 응수십종광대행원.

열 가지란 무엇입니까? 첫째는 부처님들을 예배·공경하는 것이요, 둘째는 부처님들의 공덕 장엄을 찬양·찬탄하는 것이요, 셋째는 부처님들께 많은 것을 공양하는 것이요, 넷째는 업장을 참회하는 것이요, 다섯째는 남의 공덕 행동을 모두 기쁜 마음으로 따라 행하는 것이요, 여섯째는 설법해 주시기를 간절히 청하는 것이요, 일곱째는 부처님 등께 이 세상에 계셔 주시기를 간절히 청하는 것이요, 여덟째는 항상 부처님의 법을 전하는 것이요, 아홉째는 모든 중생들을 항상 편안히 모시는 것이요, 열째는 모든 공덕을 중생들에게 돌려드리는 것입니다.

(선재 동자님께서 말씀하셨습니다) 대 성현님이시여, 첫째인 예배·공경에서부터 열째인 돌려드리는 것까지를 전부 '어떻게 하는 것인지' 가르쳐 주십시오.

何等 爲十. 一者 禮敬諸佛, 二者 稱讚如來, 三者 廣修供養, 四者 懺悔業障, 五者 隨喜功德, 六者 請轉法輪, 七者 請佛住世, 八者 常隨佛學, 九者 恒順衆生, 十者 普皆廻向. (善財白言) 大聖, 云何禮敬 乃至廻向.

하등 위십. 일자 예경제불, 이자 칭찬여래, 삼자 광수공양, 사자 참회업장, 오자 수희공덕, 육자 청전법륜, 칠자 청불주세, 팔자 상수불학, 구자 항순중생, 십자 보개회향. (선재백언) 대성, 운하예경 내지회향.

　(보현 보살님께서 선재 동자님께 말씀하셨습니다) 선남
자여, 부처님들을 예배·공경하는 것에 대해 말씀드리겠습
니다. "보현행원의 힘에 의지하여, 진법계[3] 허공계 시방 삼
세[4] 불찰극미진수 모든 부처님들을 바로 눈 앞에 계시듯이
깊이 믿고, 몸과 말과 마음을 다하여 항상 예배·공경하겠
습니다.

　부처님 계신 곳곳마다 불가설불가설 불찰극미진수 몸을
나타내고, 낱낱 몸으로 불가설불가설 불찰극미진수 모든
부처님들을 항상 예배·공경하겠습니다.

---

3) 법계, 즉 존재의 세계가 다하도록.
4) 과거, 현재, 미래.

(普賢菩薩 告善財言) 善男子, 言 禮敬諸佛者. 所有 盡法界 虛空界 十方三世 一切佛刹 極微塵數 諸佛世尊 我 以普賢行願力故 深心信解 如對目前, 悉以淸淨身語意業 常修禮敬.

(보현보살 고선재언) 선남자, 언 예경제불자. 소유 진법계 허공계 시방삼세 일체불찰 극미진수 제불세존 아 이보현행 원력고 심심신해 여대목전, 실이청정신어의업 상수예경.

一一佛所 皆現 不可說不可說 佛刹極微塵數 身, 一一身 遍禮 不可說不可說 佛刹極微塵數 佛.

일일불소 개현 불가설불가설 불찰극미진수 신, 일일신 변례 불가설불가설 불찰극미진수 불.

허공계가 끝나면 저의 예배·공경도 끝나겠지만, 허공계가 끝나지 않는 한 저의 예배·공경도 끝나지 않을 것입니다. 중생계가 끝나고 중생의 업이 끝나고 중생의 번뇌가 끝나면 저의 예배·공경도 끝나겠지만, 중생계나 중생의 업이나 중생의 번뇌가 끝나지 않는 한 저의 예배·공경도 끝나지 않을 것입니다. 힘들어하거나 지겨워하지 않고 몸과 말과 마음을 다하여, 끊임없이 계속 예배·공경하겠습니다"라고 행원하는 것입니다.

둘째,[5] 선남자여, 부처님들의 공덕 장엄[6]을 찬양·찬탄하는 것에 대해 말씀드리겠습니다. "진법계 허공계 시방 삼세 불찰극미진 낱낱 티끌 속마다 불찰극미진수 계시는 모든 부처님들의 공덕 장엄을 찬양·찬탄하겠습니다. 많은 보살님들께 둘러싸여 계시는, 한 분 한 분 부처님들의 공덕 장엄을 모두 바로 눈 앞에 계시듯이 깊이 믿고 찬양·찬탄하겠습니다.

---

5) 둘째 행원은 기존 번역과 다르며, 조현춘의 논문 참고.
6) 공덕 행동의 결과로 생기는 아름답고 거룩한 장면들.

虛空界盡 我禮乃盡, 以虛空界 不可盡故 我此禮敬 無有窮
盡. 如是 乃至 衆生界盡 衆生業盡 衆生煩惱盡 我禮乃盡, 而
衆生界 乃至煩惱 無有盡故 我此禮敬 無有窮盡. 念念相續
無有間斷 身語意業 無有疲厭.

　허공계진 아례내진, 이허공계 불가진고 아차예경 무유궁
진. 여시 내지 중생계진 중생업진 중생번뇌진 아례내진, 이
중생계 내지번뇌 무유진고 아차예경 무유궁진. 염념상속
무유간단 신어의업 무유피염.

　復次, 善男子, 言 稱讚如來者. 所有 盡法界 虛空界 十方三
世 一切刹土 所有極微 一一塵中 皆有 一切世界 極微塵數
佛. 一一佛所 皆有菩薩 海會圍遶 我當悉以甚深勝解 現前
知見.
　부차, 선남자, 언 칭찬여래자. 소유 진법계 허공계 시방삼
세 일체찰토 소유극미 일일진중 개유 일체세계 극미진수
불. 일일불소 개유보살 해회위요 아당실이심심승해 현전
지견.

음악의 여신보다 더 아름다운 소리를 내고, 낱낱 소리마다 여러 음성을 내고, 낱낱 음성마다 온갖 말을 하여서, 미래세가 다하도록 계속 부처님들의 한량없는 공덕 장엄을 온 법계에 두루 찬양·찬탄하겠습니다.

허공계가 끝나고 중생계가 끝나고 중생의 업이 끝나고 중생의 번뇌가 끝나면 저의 찬양·찬탄도 끝나겠지만, 허공계나 중생계나 중생의 업이나 중생의 번뇌가 끝나지 않는 한 저의 찬양·찬탄도 끝나지 않을 것입니다. 힘들어하거나 지겨워하지 않고 몸과 말과 마음을 다하여, 끊임없이 계속 찬양·찬탄하겠습니다"라고 행원하는 것입니다.

各以出過 辯才天女 微妙舌根, 一一舌根 出 無盡音聲海,
一一音聲 出 一切言辭海 稱揚讚歎 一切如來 諸功德海, 窮
未來際 相續不斷 盡於法界 無不周遍.

각이출과 변재천녀 미묘설근, 일일설근 출 무진음성해,
일일음성 출 일체언사해 칭양찬탄 일체여래 제공덕해, 궁
미래제 상속부단 진어법계 무불주변.

如是 虛空界盡 衆生界盡 衆生業盡 衆生煩惱盡 我讚乃盡,
以虛空界 乃至煩惱 無有盡故 我此讚歎 無有窮盡. 念念相續
無有間斷 身語意業 無有疲厭.

여시 허공계진 중생계진 중생업진 중생번뇌진 아찬내진,
이허공계 내지번뇌 무유진고 아차찬탄 무유궁진. 염념상속
무유간단 신어의업 무유피염.

셋째, 선남자여, 부처님들께 많은 것을 공양하는 것에 대해 말씀드리겠습니다. "보현행원의 힘에 의지하여, 진법계 허공계 시방 삼세 불찰극미진 낱낱 티끌 속마다 불찰극미진수 계시며, 많은 보살님들께 둘러싸여 계시는 부처님들을 한 분 한 분 모두 바로 눈 앞에 계시듯이 깊이 믿고 공양하겠습니다.

정말 귀중한 것들을 공양하겠습니다. 꽃과 꽃다발과 좋은 음악과 좋은 양산과 좋은 옷을 공양하겠습니다. 가지 가지 좋은 향을 공양하겠습니다. 바르는 향[7]과 태우는 향과 뿌리는 향[8]을, 각각 수미산[9]만큼 많이 공양하겠습니다.

---

7) 액체로 되어 있어 몸이나 물체에 발라서 사용하는 향.

8) 가루로 되어 있어 뿌려서 사용하는 향.

9) 인도 북부 네팔에 있는 산 이름이기도 하지만 여기서는 세상에서 가장 큰 산을 의미한다.

復次, 善男子, 言 廣修供養者. 所有 盡法界 虛空界 十方三
世 一切佛刹 極微塵中 一一各有 一切世界 極微塵數 佛, 一
一佛所 種種菩薩 海會圍遶 我 以普賢行願力故 起深信解 現
前知見.

부차, 선남자, 언 광수공양자. 소유 진법계 허공계 시방삼
세 일체불찰 극미진중 일일각유 일체세계 극미진수 불, 일
일불소 종종보살 해회위요 아 이보현행원력고 기심신해 현
전지견.

悉以上妙諸供養具 而爲供養. 所謂 華雲 鬘雲 天音樂雲
天傘蓋雲 天衣服雲. 天種種香. 塗香 燒香 末香, 如是等雲
一一量 如須彌山王.

실이상묘제공양구 이위공양. 소위 화운 만운 천음악운
천산개운 천의복운. 천종종향. 도향 소향 말향, 여시등운
일일양 여수미산왕.

가지 가지 등을 공양하겠습니다. 우유 등[10]과 기름 등[11]과
향유 등을, 낱낱 심지가 수미산만큼 많이, 낱낱 기름이 바
닷물만큼 많이, 항상 공양하겠습니다"라고 행원하는 것입
니다.

선남자여, 부처님 말씀대로 수행하는 법 공양이 모든 공
양 가운데에 가장 으뜸이 됩니다. 중생을 이롭게 하는 공양
과, 중생을 포용하고 수용하는 공양과, 중생의 고통을 대신
받아주는 공양과, 선근을 부지런히 닦는 공양과, 보살다운
행동을 계속하는 공양과, 보살다운 마음을 유지하는 공양
등이 법 공양입니다.

---

10) 우유에서 만든 기름을 이용하는 등.
11) 일반적인 기름을 이용하는 등.

然 種種燈. 酥燈 油燈 諸香油燈, 一一燈炷 如須彌山, 一一
燈油 如大海水, 以如是燈 諸供養具 常爲供養.

연 종종등. 수등 유등 제향유등, 일일등주 여수미산, 일일
등유 여대해수, 이여시등 제공양구 상위공양.

善男子, 諸供養中 法供養 最 所謂 如說修行供養. 利益衆
生供養 攝受衆生供養 代衆生苦供養 勤修善根供養 不捨菩
薩業供養 不離菩提心供養.

선남자, 제공양중 법공양 최 소위 여설수행공양. 이익중
생공양 섭수중생공양 대중생고공양 근수선근공양 불사보
살업공양 불리보리심공양.

선남자여, 앞에서 말한 여러 재물 공양의 공덕도 한량없이 많으나 잠시 동안의 법 공양의 공덕에 비하면 백분의 일에도 미치지 못하며, 천분의 일에도 미치지 못하며, 백천만억 조경분의 일에도 미치지 못합니다.

"부처님들께서 법을 존중하시기 때문에, 부처님들께서 말씀하신대로 행하면 부처님이 되기 때문에, 법 공양을 하는 것이 참으로 부처님께 공양하는 것이며, 참된 공양이며, 가장 넓고 큰 공양입니다.

善男子, 如前供養 無量功德 比法供養 一念功德 百分 不及
一, 千分 不及一, 百千俱胝那由他分 迦羅分 算分 數分 喻分
優波尼沙陀分 亦不及一.

선남자, 여전공양 무량공덕 비법공양 일념공덕 백분 불급
일, 천분 불급일, 백천구지나유타분 가라분 산분 수분 유분
우바니사타분 역불급일.

何以故 以諸如來尊重法故, 以如說行 出生諸佛故, 若諸菩
薩 行法供養 則得成就供養如來, 如是修行 是眞供養故, 此
廣大最勝供養.

하이고 이제여래존중법고, 이여설행 출생제불고, 약제보
살 행법공양 즉득성취공양여래, 여시수행 시진공양고, 차
광대최승공양.

허공계가 끝나고 중생계가 끝나고 중생의 업이 끝나고 중생의 번뇌가 끝나면 저의 공양도 끝나겠지만, 허공계나 중생계나 중생의 업이나 중생의 번뇌가 끝나지 않는 한 저의 공양도 끝나지 않을 것입니다. 힘들어하거나 지겨워하지 않고 몸과 말과 마음을 다하여, 끊임없이 계속 공양하겠습니다"라고 행원하는 것입니다.

넷째, 선남자여, 업장을 참회하는 것에 대해 말씀드리겠습니다. 항상 참회하는 보살이 되어야 합니다. "한량없는 겁을 내려오면서 탐내는 마음과 성내는 마음과 어리석은 마음에서 몸과 말과 마음으로 한량없이 많은 악한 업을 지었습니다. 저의 악업이 형체가 있다면 허공계를 다 채우고도 남을 것입니다.

虛空界盡 衆生界盡 衆生業盡 衆生煩惱盡 我供乃盡, 而虛空界 乃至煩惱 不可盡故 我此供養 亦無有盡. 念念相續 無有間斷 身語意業 無有疲厭.

허공계진 중생계진 중생업진 중생번뇌진 아공내진 이허공계 내지번뇌 불가진고 아차공양 역무유진. 염념상속 무유간단 신어의업 무유피염.

復次, 善男子, 言 懺悔業障者*. 菩薩 自念. 我 於過去無始劫中 由貪瞋癡 發身口意 作諸惡業 無量無邊. 若此惡業 有體相者 盡虛空界 不能容受.

부차, 선남자, 언 참회업장자. 보살 자념. 아 어과거무시겁중 유탐진치 발신구의 작제악업 무량무변. 약차악업 유체상자 진허공계 불능용수.

---

* 일부에서는 '참제업장자'로 되어 있으나 앞의 제목에서 참회업장자로 되어 있고 본문에서도 '참회업장자'로 되어 있으므로 '참회업장자'로 함.

이제 몸과 말과 마음을 다하여, 불찰극미진수 모든 부처
님들과 보살님들께 지성으로 참회[12]합니다. 다시는 악한 행
동을 하지 않고 항상 청정 계율을 지키며, 모든 공덕을 다
짓겠습니다.

허공계가 끝나고 중생계가 끝나고 중생의 업이 끝나고 중
생의 번뇌가 끝나면 저의 참회도 끝나겠지만, 허공계나 중
생계나 중생의 업이나 중생의 번뇌가 끝나지 않는 한 저의
참회도 끝나지 않을 것입니다. 힘들어하거나 지겨워하지
않고 몸과 말과 마음을 다하여, 끊임없이 계속 참회하겠습
니다"라고 행원하는 것입니다.

---

12) 후회와는 전혀 다르다.

我今 悉以淸淨三業 遍於法界 極微塵刹 一切諸佛 菩薩衆
前 誠心懺悔. 後不復造 恒住淨戒 一切功德.

아금 실이청정삼업 변어법계 극미진찰 일체제불 보살중
전 성심참회. 후불부조 항주정계 일체공덕.

如是 虛空界盡 衆生界盡 衆生業盡 衆生煩惱盡 我懺乃盡,
而虛空界 乃至衆生煩惱 不可盡故 我此懺悔 無有窮盡. 念念
相續 無有間斷 身語意業 無有疲厭.

여시 허공계진 중생계진 중생업진 중생번뇌진 아참내진,
이허공계 내지중생번뇌 불가진고 아차참회 무유궁진. 염념
상속 무유간단 신어의업 무유피염.

다섯째,[13] 선남자여, 남의 공덕 행동을 모두 기쁜 마음으로 따라 행하는 것에 대해 말씀드리겠습니다. "진법계 허공계 시방 삼세 불찰극미진수 모든 부처님들께서 처음 발심하실 때로부터 모든 지혜를 이루실 때까지 목숨도 아끼지 않으시며, 불가설불가설 불찰극미진수 낱낱 겁마다 불가설불가설 불찰극미진수 머리와 눈과 손발을 바치신 복덕 행동을 모두 기쁜 마음으로 따라 행하겠습니다.

가지 가지 난행 고행을 닦으시고, 가지 가지 바라밀[14]을 행하시고, 가지 가지 보살 경계를 이루시고, 큰 깨달음을 이루시고 열반에 드신 뒤 사리를 분포하실 때까지 지으신, 부처님의 선근들을 모두 기쁜 마음으로 따라 행하겠습니다. 시방 삼세 육도[15] 사생[16] 모든 중생들의 티끌만한 공덕 행동도 모두 기쁜 마음으로 따라 행하겠습니다.

---

13) 다섯째 행원은 기존 번역과 차이가 많다. 조현춘 논문 참고.
14) 극락 세계 혹은 깨달음의 세계로 갈 수 있는 방법.
15) 중생이 윤회하는 여섯 길. 즉 하늘, 인간, 아수라, 축생, 아귀, 지옥.
16) 출생 과정에 따라 구분한 중생의 종류. 즉 태로 태어난 태생, 알로 태어난 난생, 물로 태어난 습생, 변하여서 태어난 화생.

復次, 善男子, 言 隨喜功德者. 所有 盡法界 虛空界 十方三世 一切佛刹 極微塵數 諸佛如來 從初發心 爲一切智 勤修福聚 不惜身命 經 不可說不可說 佛刹極微塵數 劫, 一一劫中 捨 不可說不可說 佛刹極微塵數 頭目手足.

부차, 선남자, 언 수희공덕자. 소유 진법계 허공계 시방삼세 일체불찰 극미진수 제불여래 종초발심 위일체지 근수복취 불석신명 경 불가설불가설 불찰극미진수 겁, 일일겁중 사 불가설불가설 불찰극미진수 두목수족.

如是 一切難行苦行, 圓滿種種 波羅蜜門, 證入種種 菩薩智地, 成就諸佛 無上菩提 及般涅槃 分布舍利 所有善根 我皆隨喜. 及彼十方 一切世界 六趣四生 一切種類 所有功德 乃至一塵 我皆隨喜.

여시 일체난행고행, 원만종종 바라밀문, 증입종종 보살지지, 성취제불 무상보리 급반열반 분포사리 소유선근 아개수희. 급피시방 일체세계 육취사생 일체종류 소유공덕 내지일진 아개수희.

시방 삼세 모든 성문[17]과 연각[18]과 유학[19]과 무학[20]들의 공덕 행동도 모두 기쁜 마음으로 따라 행하겠습니다. 큰 깨달음을 이루기 위해 한량없는 난행 고행을 닦은 보살들의 ‘넓고 큰 공덕 행동’ 을 모두 기쁜 마음으로 따라 행하겠습니다.

허공계가 끝나고 중생계가 끝나고 중생의 업이 끝나고 중생의 번뇌가 끝날 때까지 기쁜 마음으로 계속 따라 행하겠습니다. 힘들어하거나 지겨워하지 않고 몸과 말과 마음을 다하여, 끊임없이 계속 기쁜 마음으로 따라 행하겠습니다” 라고 행원하는 것입니다.

---

17) 부처님의 말씀을 직접 듣고 조금 깨달은 성인. 부처님 가르침에 집착하여 큰 깨달음은 이루지 못했다는 부정적 의미도 내포하고 있다.
18) 스스로 수행하여 조금 깨달은 성인. 남을 생각하는 것이 부족하며 보살보다는 못하다는 부정적 의미도 내포하고 있다.
19) 많은 수행을 하며 상당한 경지에 이르른 분.
20) 일상 용어로는 전혀 공부하지 않은 사람을 뜻하나 불교에서는 매우 많은 공부를 했으나 공부했다는 생각에 걸리지 않는 자유인을 뜻한다.

十方三世 一切聲聞 及 辟支佛 有學 無學 所有功德 我皆隨
喜. 一切菩薩 所修無量 難行苦行 志求 無上正等菩提 廣大
功德 我皆隨喜.
　시방삼세 일체성문 급 벽지불 유학 무학 소유공덕 아개수
희. 일체보살 소수무량 난행고행 지구 무상정등보리 광대
공덕 아개수희.

如是 虛空界盡 衆生界盡 衆生業盡 衆生煩惱盡 我此隨喜
無有窮盡. 念念相續 無有間斷 身語意業 無有疲厭.
　여시 허공계진 중생계진 중생업진 중생번뇌진 아차수희
무유궁진. 염념상속 무유간단 신어의업 무유피염.

여섯째, 선남자여, 설법해 주시기를 간절히 청하는 것에
대해 말씀드리겠습니다. "진법계 허공계 시방 삼세 불찰극
미진 낱낱 티끌 속마다 불가설불가설 불찰극미진수 계시는
부처님들께 설법해 주시기를 간절히 청하겠습니다.

많은 보살님들께 둘러싸여 계시는, 큰 깨달음을 이루신
한 분 한 분 부처님들께 미묘 법문을 설해 주시기를, 몸과
말과 마음을 다하고, 가지 가지 방법을 다 써서 간절히 청
하겠습니다.

復次, 善男子, 言 請轉法輪者. 所有 盡法界 虛空界 十方三
世 一切佛刹 極微塵中 一一各有 不可說不可說 佛刹極微塵
數 一切諸佛.

부차, 선남자, 언 청전법륜자. 소유 진법계 허공계 시방삼
세 일체불찰 극미진중 일일각유 불가설불가설 불찰극미진
수 일체제불.

成等正覺 一切菩薩 海會圍遶 而我悉以身口意業 種種方
便 慇懃勸請 轉妙法輪.

성등정각 일체보살 해회위요 이아실이신구의업 종종방
편 은근권청 전묘법륜.

　허공계가 끝나고 중생계가 끝나고 중생의 업이 끝나고 중생의 번뇌가 끝날 때까지 한 분 한 분 부처님들께 바른 법을 설해 주시기를 계속 간절히 청하겠습니다. 힘들어하거나 지겨워하지 않고 몸과 말과 마음을 다하여, 끊임없이 계속 간절히 청하겠습니다"라고 행원하는 것입니다.

　일곱째, 선남자여, 부처님 등[21]께 이 세상에 계셔 주시기를 간절히 청하는 것에 대해 말씀드리겠습니다. "진법계 허공계 시방 삼세 불찰극미진수, 반열반[22]에 드시려는 부처님들과 열반에 드시려는 보살님들과 성문과 연각과 유학과 무학과 선지식들께 열반에 들지 마시고 이 세상에 계셔 주시기를 불찰극미진수 겁 동안 계속, 중생들의 행복을 위해 간절히 청하겠습니다.

---

21) 부처님뿐만 아니라 보살님, 성문, 연각, 유학, 무학을 포함하는 의미이므로 부처님 등으로 함.

22) 반열반은 '완전한 열반'을 의미하며, 부처님께서 육신을 버리고 이 세상을 떠나는 것을 반열반이라고 한다.

如是 虛空界盡 衆生界盡 衆生業盡 衆生煩惱盡 我常勸請
一切諸佛 轉正法輪 無有窮盡. 念念相續 無有間斷 身語意業
無有疲厭.

여시 허공계진 중생계진 중생업진 중생번뇌진 아상권청
일체제불 전정법륜 무유궁진. 염념상속 무유간단 신어의업
무유피염.

復次, 善男子, 言 請佛住世者. 所有 盡法界 虛空界 十方三
世 一切佛刹 極微塵數 諸佛如來 將欲示現 般涅槃者 及 諸
菩薩 聲聞 緣覺 有學 無學 乃至 一切諸善知識 我悉勸請 莫
入涅槃 經 於一切佛刹 極微塵數 劫 爲欲利樂 一切衆生.

부차, 선남자, 언 청불주세자. 소유 진법계 허공계 시방삼
세 일체불찰 극미진수 제불여래 장욕시현 반열반자 급 제
보살 성문 연각 유학 무학 내지 일체제선지식 아실권청 막
입열반 경 어일체불찰 극미진수 겁 위욕이락 일체중생.

허공계가 끝나고 중생계가 끝나고 중생의 업이 끝나고 중생의 번뇌가 끝날 때까지 계속 간절히 청하겠습니다. 힘들어하거나 지겨워하지 않고 몸과 말과 마음을 다하여, 끊임없이 계속 간절히 청하겠습니다"라고 행원하는 것입니다.

여덟째,[23] 선남자여, 항상 부처님의 법을 전하는 것에 대해 말씀드리겠습니다. "비로자나 부처님께서 사바 세계에서 처음 발심하시고 꾸준히 정진하시면서, 불가설불가설 목숨으로 자신의 피부를 벗겨 종이로 사용하고, 자신의 뼈를 쪼개어 붓으로 사용하고, 자신의 피를 뽑아 먹물로 사용하여 수미산만큼 많은 경전을 써서 보시하셨듯이 저도 그렇게 하겠습니다.

---

23) 여덟째 행원도 기존 번역과는 많이 다르다. 조현춘 논문 참고.

如是 虛空界盡 衆生界盡 衆生業盡 衆生煩惱盡 我此勸請
無有窮盡. 念念相續 無有間斷 身語意業 無有疲厭.
　여시 허공계진 중생계진 중생업진 중생번뇌진 아차권청
무유궁진. 염념상속 무유간단 신어의업 무유피염.

　復次, 善男子, 言 常隨佛學者. 如此娑婆世界 毘盧遮那如
來 從初發心 精進不退 以不可說不可說 身命 而爲布施 剝皮
爲紙 析骨爲筆 刺血爲墨 書寫經典 積如須彌.
　부차, 선남자, 언 상수불학자. 여차사바세계 비로자나여
래 종초발심 정진불퇴 이불가설불가설 신명 이위보시 박피
위지 석골위필 자혈위묵 서사경전 적여수미.

　법을 존중하여, 왕위나 성읍이나 촌락이나 궁전이나 정원
이나 산림 등의 소유물은 물론 목숨까지도 아끼지 않으시
면서, 가지 가지 난행 고행을 닦으시고 보리수 나무 밑에서
큰 깨달음을 이루시고, 가지 가지 신통 변화를 일으키시며,

　가지 가지 모습으로 보살의 모임, 성문이나 연각의 모임,
전륜성왕[24]이나 소왕[25]이나 그 권속들의 모임, 찰제리[26]나
바라문[27]이나 장자[28]나 거사[29]의 모임, 하느님이나 용이나
인비인 등 팔부중생[30]들의 모임에 나타나시어,

---

24) 선정을 베풀고 정치를 매우 잘하여 천하를 통일하고 백성의 고통을 없애주는 왕.

25) 전륜성왕에 대비되는 일반적인 왕.

26) 왕족.

27) 당시 인도의 계급 중 최고의 위치로서 성직자 계급.

28) 부자.

29) 남자 신도.

30) 당시 인도에서 중생을 구분하는 한 방법. 혹은 인도의 신들로 모두 부처님께
　　귀의하여 설법을 들었다. 즉 하늘 · 용 · 아차 · 건달바 · 아수라 · 가루라 · 긴
　　나라 · 마후라가(인비인)를 말함.

爲重法故 不惜身命 何況王位 城邑聚落 宮殿園林 一切所
有, 及餘種種 難行苦行 乃至 樹下成大菩提 示種種神通 起
種種變化,

위중법고 불석신명 하황왕위 성읍취락 궁전원림 일체소
유, 급여종종 난행고행 내지 수하성대보리 시종종신통 기
종종변화,

現種種佛身 處種種衆會 或處一切諸大菩薩 衆會道場, 或
處聲聞 及 辟支佛 衆會道場, 或處轉輪聖王 小王眷屬 衆會
道場, 或處刹利 及 婆羅門 長者 居士 衆會道場, 乃至 或處
天龍八部 人非人等 衆會道場, 處於如是 種種衆會,

현종종불신 처종종중회 혹처일체 제대보살 중회도량, 혹
처성문 급 벽지불 중회도량, 혹처전륜성왕 소왕권속 중회
도량, 혹처찰리 급 바라문 장자 거사 중회도량, 내지 혹처
천룡팔부 인비인등 중회도량, 처어여시 종종중회,

천둥같이 크고 원만한 음성으로 중생을 성숙시키시고 열
반에 드셨듯이 저도 그렇게 하겠습니다. 비로자나 부처님
처럼, 진법계 허공계 시방 삼세 불찰극미진수 모든 부처님
들처럼 항상 부처님의 법을 전하겠습니다.

허공계가 끝나고 중생계가 끝나고 중생의 업이 끝나고 중
생의 번뇌가 끝날 때까지 계속 법을 전하겠습니다. 힘들어
하거나 지겨워하지 않고 몸과 말과 마음을 다하여, 끊임없
이 계속 법을 전하겠습니다" 라고 행원하는 것입니다.

以圓滿音 如大雷震 隨其樂欲 成熟衆生 乃至 示現入於涅
槃 如是一切 我皆隨學. 如今世尊毘盧遮那, 如是 盡法界 虛
空界 十方三世 一切佛刹 所有塵中 一切如來 皆亦如是 於念
念中 我皆隨學.

이원만음 여대뢰진 수기낙욕 성숙중생 내지 시현입어열
반 여시일체 아개수학. 여금세존비로자나, 여시 진법계 허
공계 시방삼세 일체불찰 소유진중 일체여래 개역여시 어념
념중 아개수학.

如是 虛空界盡 衆生界盡 衆生業盡 衆生煩惱盡 我此隨學
無有窮盡. 念念相續 無有間斷 身語意業 無有疲厭.

여시 허공계진 중생계진 중생업진 중생번뇌진 아차수학
무유궁진. 염념상속 무유간단 신어의업 무유피염.

아홉째, 선남자여, 모든 중생들을 항상 편안히 모시는 것에 대해 말씀드리겠습니다. "진법계 허공계 시방 세계의 모든 중생들, 알로 생긴 중생이나 태로 생긴 중생이나 습기로 생긴 중생이나 변화하여 생긴 중생이나, 땅에 사는 중생이나 물에 사는 중생이나 불에 사는 중생이나 바람에 사는 중생이나 허공에 사는 중생이나 초목에 사는 중생이나, 모든 중생들을 항상 편안히 모시겠습니다.

태어난 곳이 다르고, 모양이 다르고, 형상이 다르고, 얼굴이 다르고, 수명이 다르고, 종족이 다르고, 이름이 다르고, 심성이 다르고, 지식이나 견해가 다르고, 욕망이 다르고, 행동이나 거동이 다르고, 의복이나 음식이 다른, 모든 중생들을 항상 편안히 모시겠습니다.

復次, 善男子, 言 恒順衆生者. 謂盡法界 虛空界 十方刹海
所有衆生 種種差別, 所謂卵生 胎生 濕生 化生, 或有依於地
水火風 而生住者, 或有依空 及諸卉木 而生住者,

부차, 선남자, 언 항순중생자. 위진법계 허공계 시방찰해
소유중생 종종차별, 소위난생 태생 습생 화생, 혹유의어지
수화풍 이생주자, 혹유의공 급제훼목 이생주자.

種種生類 種種色身 種種形狀 種種相貌 種種壽量 種種族
類 種種名號 種種心性 種種知見 種種欲樂 種種意行 種種威
儀 種種衣服 種種飮食.

종종생류 종종색신 종종형상 종종상모 종종수량 종종족
류 종종명호 종종심성 종종지견 종종욕락 종종의행 종종위
의 종종의복 종종음식.

　산간에 사는 중생이나 시골에 사는 중생이나 작은 도시에
사는 중생이나 큰 도시에 사는 중생이나, 하느님이나 용이
나 인비인 등 팔부 중생이나, 발이 없는 중생이나 두 발 가
진 중생이나 네 발 가진 중생이나 여러 발 가진 중생이나,
형상이 있는 중생이나 형상이 없는 중생이나, 생각이 있는
중생이나 생각이 없는 중생이나 생각이 있지도 않고 없지
도 않은 중생이나, 모든 중생들을 항상 편안히 모시겠습니
다.

　부모님을 받들듯이, 스승님이나 아라한[31]이나 부처님을
섬기듯이 모든 중생들을 받들고 섬기겠습니다. 병든 중생
에게는 의사가 되어 치료해 드리고, 길 잃은 중생에게는 바
른 길을 가리켜 드리고, 어두운 밤에는 빛이 되어 밝혀 드
리고, 가난한 중생에게는 재산을 베풀겠습니다.

---

31) 소승 불교에서 말하는 최고의 성인, 나한이라고도 함.

處於種種 村營聚落 城邑宮殿, 乃至 一切 天龍八部 人非人
等, 無足 二足 四足 多足, 有色 無色, 有想 無想 非有想非無
想, 如是等類 我 皆 於彼隨順.

처어종종 촌영취락 성읍궁전, 내지 일체 천룡팔부 인비인
등, 무족 이족 사족 다족, 유색 무색, 유상 무상 비유상비무
상, 여시등류 아 개 어피수순.

而轉種種承事種種供養 如敬父母 如奉師長 及阿羅漢 乃
至如來等無有異. 於諸病苦 爲作良醫, 於失道者 示其正路,
於暗夜中 爲作光明, 於貧窮者 令得伏藏.

이전종종승사종종공양 여경부모 여봉사장 급아라한 내
지여래등무유이. 어제병고 위작양의, 어실도자 시기정로,
어암야중 위작광명, 어빈궁자 영득복장.

모든 중생을 이롭게 하는 보살이 되겠습니다. 중생들을
편안히 모시는 것이 부처님들을 편안히 모시는 것입니다.
중생들을 섬기는 것이 부처님들을 섬기는 것입니다. 중생
들을 기쁘게 하는 것이 부처님들을 기쁘게 하는 것입니다.

부처님의 근본은 큰 자비심입니다. 중생이 있어야 자비
심을 낼 수 있고, 자비심이 있어야 보살의 길을 가려는 마
음을 낼 수 있으며, 보살의 길을 가려는 마음이 있어야 큰
깨달음을 이룰 수 있습니다.

菩薩 如是 平等饒益 一切衆生. 何以故 菩薩 若能隨順衆
生 則爲隨順供養諸佛. 若於衆生 尊重承事 則爲尊重承事如
來. 若令衆生 生歡喜者 則令一切如來 歡喜.

　보살 여시 평등요익 일체중생. 하이고 보살 약능수순중
생 즉위수순공양제불. 약어중생 존중승사 즉위존중승사여
래. 약령중생 생환희자 즉령일체여래 환희.

何以故 諸佛如來 以大悲心 而爲體故. 因於衆生 而起大
悲, 因於大悲 生菩提心, 因菩提心 成等正覺.

　하이고 제불여래 이대비심 이위체고. 인어중생 이기대
비, 인어대비 생보리심, 인보리심 성등정각.

모래 벌판에 있는 큰 나무의 뿌리에 물을 주면 줄기와 잎과 꽃과 열매가 모두 무성해집니다. '삶과 죽음의 윤회 벌판'에 있는 깨달음의 나무도 마찬가지입니다. 모든 중생들은 뿌리이며, 부처님이나 보살님들은 꽃이나 열매입니다. 대자대비의 물로 중생들을 이롭게 하는 것이 부처님이나 보살님의 지혜 꽃이나 지혜 열매를 성숙시키는 길입니다.

대자대비의 물로 중생들을 이롭게 하는 것이 큰 깨달음을 이루는 길입니다. 중생이 있어야 큰 깨달음을 이룰 수 있습니다. 중생이 없으면 어떤 보살도 큰 깨달음을 이루지 못합니다"라고 행원하는 것입니다.

譬如曠野沙磧之中 有大樹王 若根得水 枝葉華果 悉皆繁茂. 生死曠野 菩提樹王 亦復如是. 一切衆生 而爲樹根 諸佛菩薩 而爲華果. 以大悲水 饒益衆生 則能成就 諸佛菩薩 智慧華果.

비여광야사적지중 유대수왕 약근득수 지엽화과 실개번무. 생사광야 보리수왕 역부여시. 일체중생 이위수근 제불보살 이위화과. 이대비수 요익중생 즉능성취 제불보살 지혜화과.

何以故 若諸菩薩 以大悲水 饒益衆生 則能成就 阿耨多羅三藐三菩提*故. 是故 菩提 屬於衆生. 若無衆生 一切菩薩 終不能成 無上正覺.

하이고 약제보살 이대비수 요익중생 즉능성취 아뇩다라삼먁삼보리고. 시고 보리 속어중생. 약무중생 일체보살 종불능성 무상정각.

---

*범어, 중국한어, 한자어사전 모두에서 '아누다라삼먁삼보리' 로 되어 있으나, 고정된 용어로 인정하여 '아뇩다라삼먁삼보리' 로 함.

　선남자여, 그대들은 바로 알아야 합니다. "모든 중생들에게 평등한 마음을 가지는 것이 대자대비를 완성하는 길입니다. 대자대비의 마음으로 모든 중생들을 항상 편안히 모시는 것이 부처님들이나 보살님들을 항상 편안히 모시는 것입니다.

　허공계가 끝나고 중생계가 끝나고 중생의 업이 끝나고 중생의 번뇌가 끝날 때까지 계속, 편안히 모시겠습니다. 힘들어하거나 지겨워하지 않고 몸과 말과 마음을 다하여, 끊임없이 계속, 편안히 모시겠습니다"라고 행원하는 것입니다.

善男子, 汝於此義 應如是解. 以於衆生 心平等故 則能成
就 圓滿大悲. 以大悲心 隨衆生故 則能成就 供養如來菩薩.
　선남자, 여어차의 응여시해. 이어중생 심평등고 즉능성
취 원만대비. 이대비심 수중생고 즉능성취 공양여래보살.

如是 隨順衆生 虛空界盡 衆生界盡 衆生業盡 衆生煩惱盡
我此隨順 無有窮盡. 念念相續 無有間斷 身語意業 無有疲
厭.
　여시 수순중생 허공계진 중생계진 중생업진 중생번뇌진
아차수순 무유궁진. 염념상속 무유간단 신어의업 무유피
염.

열째, 선남자여, 모든 공덕을 중생들에게 돌려드리는 것에 대해 말씀드리겠습니다. "첫째인 예배·공경한 공덕에서 아홉째인 편안히 모신 공덕까지의 모든 공덕을, 모든 중생들이 항상 안락하도록, 영원히 어떤 병고도 없도록, 나쁜 일은 하나도 일어나지 않고 좋은 일은 모두 일어나도록,

지옥·아귀·축생계[32]로 가는 문은 모두 닫히고 인간 세상이나 하늘 세상에서 열반으로 이르는 길은 모두 열리도록, 중생들이 스스로 지은 악업 때문에 겪게 되는 모든 고통을 제가 대신 받고 모든 중생들이 해탈하여 큰 깨달음을 이루도록 진법계 허공계 모든 중생들에게 돌려드리는 보살이 되겠습니다.

---

32) 중생이 윤회하는 육도 중 하늘, 인간, 아수라를 제외한 삼악도의 세계.

復次, 善男子, 言 普皆廻向者. 從初禮拜 乃至隨順 所有功
德 皆悉廻向. 盡法界 虛空界 一切衆生 願令衆生 常得安樂
無諸病苦, 欲行惡法 皆悉不成, 所修善業 皆速成就,

부차, 선남자, 언 보개회향자. 종초예배 내지수순 소유공
덕 개실회향. 진법계 허공계 일체중생 원령중생 상득안락
무제병고, 욕행악법 개실불성, 소수선업 개속성취,

關閉 一切 諸惡趣門 開示 人天 涅槃正路, 若諸衆生 因其
積集 諸惡業故 所感一切 極重苦果 我皆代受, 令彼衆生 悉
得解脫 究竟成就 無上菩提 菩薩 如是 所修廻向.

관폐 일체 제악취문 개시 인천 열반정로, 약제중생 인기
적집 제악업고 소감일체 극중고과 아개대수, 영피중생 실
득해탈 구경성취 무상보리 보살 여시 소수회향.

허공계가 끝나고 중생계가 끝나고 중생의 업이 끝나고 중생의 번뇌가 끝날 때까지 계속 돌려드리겠습니다. 힘들어하거나 지겨워하지 않고 몸과 말과 마음을 다하여, 끊임없이 계속 돌려드리겠습니다”라고 행원하는 것입니다.

선남자여, 이제 보살 마하살의 열 가지 큰 행원을 모두 말씀드렸습니다. 이 큰 행원들을 모두 닦으면 모든 중생들을 성숙하게 하며, 큰 깨달음을 이루게 하며, 보현 보살의 한량없는 행원을 모두 이루게 합니다. 선남자여, 그대들은 바로 알아야 합니다.

虛空界盡 衆生界盡 衆生業盡 衆生煩惱盡, 我此廻向 無有
窮盡. 念念相續 無有間斷 身語意業 無有疲厭.

허공계진 중생계진 중생업진 중생번뇌진, 아차회향 무유
궁진. 염념상속 무유간단 신어의업 무유피염.

善男子, 是爲 菩薩摩訶薩 十種大願 具足圓滿. 若諸菩薩
於此大願 隨順趣入 則能成熟 一切衆生, 則能隨順 阿耨多羅
三藐三菩提, 則能成滿 普賢菩薩 諸行願海. 是故 善男子, 汝
於此義 應如是知.

선남자, 시위 보살마하살 십종대원 구족원만. 약제보살
어차대원 수순취입 즉능성숙 일체중생, 즉능수순 아뇩다라
삼먁삼보리, 즉능성만 보현보살 제행원해. 시고 선남자, 여
어차의 응여시지.

'시방 삼세 불가설불가설 불찰극미진수 세계를 가득 채울 수 있을 만큼 많은, 귀중한 금은보화와 인간 세상이나 하늘 세상에서의 최고의 평안함을 불찰극미진수 겁 동안 계속, 모든 세계의 중생들에게 보시하고 부처님들과 보살님들께 공양하는 선남자 선여인' 이 짓는 공덕은

'이 행원을 잠시 동안 귀로 들은 사람' 이 짓는 공덕에 비하면 백분의 일에도 미치지 못하며, 천분의 일에도 미치지 못하며, 만억 조경분의 일에도 미치지 못합니다.

若有 善男子 善女人 以滿十方 無量無邊 不可說不可說 佛
刹極微塵數 一切世界 上妙七寶 及諸人天 最勝安樂 布施 爾
所一切世界 所有衆生, 供養 爾所一切世界 諸佛菩薩 經 爾
所佛刹極微塵數 劫 相續不斷 所得功德

약유 선남자 선여인 이만시방 무량무변 불가설불가설 불
찰극미진수 일체세계 상묘칠보 급제인천 최승안락 보시 이
소일체세계 소유중생, 공양 이소일체세계 제불보살 경 이
소불찰극미진수 겁 상속부단 소득공덕

若復有人 聞此願王 一經於耳 所有功德 比前功德 百分 不
及一 千分 不及一 乃至 優波尼沙陀分 亦不及一.

약부유인 문차원왕 일경어이 소유공덕 비전공덕 백분 불
급일 천분 불급일 내지 우바니사타분 역불급일.

깊은 신심으로 이 큰 행원의 사행시 하나 만이라도 받아 지녀 읽고 외우고 남에게 전해 주면, 무간지옥에 떨어질 다섯 가지 악업이 모두 소멸할 것입니다. 몸이나 마음의 병고가 모두 없어지며, 불찰극미진수 악업이 모두 소멸할 것입니다.

악마나 야차[33]나 나찰[34]이나 구반다[35]나 비사사[36]나 부다[37] 등 피를 빨고 살을 먹는 악한 귀신들이 모두 멀리 달아나거나 오히려 지켜주고 보호하려는 마음을 낼 것입니다. 구름 밖으로 나온 달이 온 세상을 비추듯, 이 행원을 외우는 사람은 아무 장애 없이 세상을 살게 될 것입니다.

---

33) 사람을 먹는 매우 포악스런 귀신이었지만, 불교에 귀의하여 악인은 먹지만 선인은 먹지 않게 되었으며, 오히려 선인을 수호하는 신이 되었다. 비사문천의 권속.

34) 사람을 잡아먹으며 바다 한 가운데에 나찰국이 있다.

35) 사람의 정기를 빨아먹는 귀신. 말의 머리에 사람의 몸을 한 남방증장천왕의 부하.

36) 광목천을 따라 서방을 수호하는 신.

37) 아귀 중에서 제일 복이 많은 아귀.

或復有人 以深信心 於此大願 受持讀誦 乃至書寫 一四句
偈, 速能除滅 五無間業. 所有世間 身心等病 種種苦惱 乃至
佛刹極微塵數 一切惡業 皆得消除.

혹부유인 이심신심 어차대원 수지독송 내지서사 일사구
게, 속능제멸 오무간업. 소유세간 신심등병 종종고뇌 내지
불찰극미진수 일체악업 개득소제.

一切 魔軍 夜叉 羅刹 若鳩槃茶 若毘舍闍 若部多等 飮血
噉肉 諸惡鬼神 皆悉遠離, 或時發心 親近守護. 是故 若人誦
此願者 行於世間 無有障碍 如空中月 出於雲翳.

일체 마군 야차 나찰 약구반다 약비사사 약부다등 음혈
담육 제악귀신 개실원리, 혹시발심 친근수호. 시고 약인송
차원자 행어세간 무유장애 여공중월 출어운예.

　부처님이나 보살님들께서 칭찬하시며, 세상 사람이나 하느님들이 예배·공경하고, 모든 중생들이 받들어 모실 것입니다. 이 사람은 사람 몸을 받아서 보현 보살의 모든 공덕을 다 이루고, 곧 보현 보살님처럼 대장부의 서른 두 가지 거룩한 모습을 갖추게 될 것입니다.

　인간 세상이나 하늘 세상에 태어나며, 날 때마다 좋은 신분으로 태어날 것입니다. 나쁜 곳을 만나지 않고, 나쁜 사람을 만나지 않을 것입니다. 모든 짐승들을 굴복시킨 사자왕처럼 모든 외도들을 항복시키고 모든 번뇌에서 완전히 해탈할 것입니다. 모든 중생들이 받들어 모실 것입니다.

諸佛菩薩之所稱讚 一切人天 皆應禮敬, 一切衆生 悉應供養. 此善男子 善得人身 圓滿普賢 所有功德. 不久 當如普賢菩薩 速得成就 微妙色身 具三十二大丈夫相.

제불보살지소칭찬 일체인천 개응예경, 일체중생 실응공양. 차선남자 선득인신 원만보현 소유공덕. 불구 당여보현보살 속득성취 미묘색신 구삼십이대장부상.

若生人天 所在之處 常居勝族. 悉能破壞 一切惡趣, 悉能遠離 一切惡友, 悉能制伏 一切外道, 悉能解脫 一切煩惱, 如獅者王 摧伏群獸, 堪受一切 衆生供養.

약생인천 소재지처 상거승족. 실능파괴 일체악취, 실능원리 일체악우, 실능제복 일체외도, 실능해탈 일체번뇌, 여사자왕 최복군수, 감수일체 중생공양.

임종하면 모든 감각 기관들이 다 무너지고, 모든 친족들이 다 떠나며, 모든 위엄이나 권세가 다 사라지며, 부귀 영화나 권력이나 집이나 논이나 밭이나 산 등의 재물들은 다 떠나지만, 이 큰 행원들은 떠나지 않고 항상 앞 길을 인도할 것입니다.

이 사람은 임종하는 즉시 극락 세계[38]에 왕생할 것입니다. 왕생하는 즉시 모습이 단정하고 엄숙하며 공덕을 구족하고 계시는 문수 보살님과 보현 보살님과 관자재 보살님[39]과 미륵 보살님[40]들께 둘러싸여 계시는 아미타 부처님[41]을 친견할 것입니다.

---

38) 고통이 전혀 없고 즐거움이 넘쳐 흐르는 세상.

39) 관세음 보살이라고도 하며 천 개의 손, 천개의 눈으로 중생의 모든 고통을 없애준다.

40) 석가모니 부처님 다음으로 부처님이 될 보살.

41) 극락 세계의 부처님.

又復 是人 任命終時 最後刹那, 一切諸根 悉皆散壞, 一切
親屬 悉皆捨離, 一切威勢 悉皆退失, 輔相大臣 宮城內外 象
馬車乘 珍寶伏藏 如是一切 無復相隨, 唯此願王 不相捨離
於一切時 引導其前.

우부 시인 임명종시 최후찰나, 일체제근 실개산괴, 일체
친속 실개사리, 일체위세 실개퇴실, 보상대신 궁성내외 상
마거승 진보복장 여시일체 무부상수, 유차원왕 불상사리
어일체시 인도기전.

一刹那中 卽得往生 極樂世界. 到已 卽見 阿彌陀佛 文殊
師利菩薩 普賢菩薩 觀自在菩薩 彌勒菩薩等 此諸菩薩 色相
端嚴 功德具足 所共圍遶.

일찰나중 즉득왕생 극락세계. 도이 즉견 아미타불 문수
사리보살 보현보살 관자재보살 미륵보살등 차제보살 색상
단엄 공덕구족 소공위요.

이 사람은 연꽃 세상에 태어나 부처님의 수기[42]를 받고, 수기를 받은 후에는 백천 만억 조경 겁 동안 시방 세계에서 지혜로써 불찰극미진수 모든 중생들을 이롭게 할 것입니다. 깨달음의 도량에서 악마들을 항복시키고 큰 깨달음을 이루고 미묘 법문을 설할 것입니다.

미래 겁이 다하도록, 불찰극미진수 중생들에게 '큰 깨달음을 이루려는 마음'이 일어나도록 하며, 근기나 성품에 따라 중생들을 교화하고 성숙시키며, 모든 중생들을 이롭게 할 것입니다. 선남자여, 이 큰 행원을 받아 지녀 읽고 외우며 남에게 널리 전해 주는 사람의 공덕을 부처님께서는 아십니다.

---

42) 부처님으로부터 다음 세상에서는 부처님이 되겠다는 예언을 받는 것.

其人自見 生蓮華中 蒙佛授記, 得授記已 經 於無數百千萬
億那由他 劫 普於十方 不可說不可說 世界 以智慧力 隨衆生
心 而爲利益. 不久 當座菩提道場 降伏魔軍 成等正覺 轉妙
法輪.

기인자견 생연화중 몽불수기, 득수기이 경 어무수백천만
억나유타 겁 보어시방 불가설불가설 세계 이지혜력 수중생
심 이위이익. 불구 당좌보리도량 항복마군 성등정각 전묘
법륜.

能令 佛刹極微塵數 世界衆生 發菩提心, 隨其根性 敎化成
熟 乃至 盡於未來劫海 廣能利益 一切衆生. 善男子, 彼諸衆
生 若聞若信 此大願王 受持讀誦 廣爲人說 所有功德 除佛世
尊 餘無知者.

능령 불찰극미진수 세계중생 발보리심, 수기근성 교화성
숙 내지 진어미래겁해 광능이익 일체중생. 선남자, 피제중
생 약문약신 차대원왕 수지독송 광위인설 소유공덕 제불세
존 여무지자.

이 큰 행원들을 들었으니, 의심하지 말고 잘 받아들여야 합니다. 받아들이되 읽고, 읽되 소리내어 읽고, 소리내어 읽되 항상 가까이 하며, 이 경전을 남에게 널리 전해 주어야 합니다. 이 행원을 잠시라도 실천하는 사람은 모두 한량없이 많고 가없이 많은 복을 이룰 것입니다.

번뇌의 큰 바다에 빠져있는 중생들을 제도하여, 아미타 부처님의 극락 세계에 왕생하도록 할 것입니다.

(이 때에 보현 보살 마하살께서 시방을 두루 둘러보시고 게송을 부르셨습니다)

是故 汝等 聞此願王 莫生疑念 應當諦受. 受已能讀, 讀已能誦, 誦已能持, 乃至書寫 廣爲人說. 是諸人等 於一念中 所有行願 皆得成就 所獲福聚 無量無邊.

시고 여등 문차원왕 막생의념 응당제수. 수이능독, 독이능송, 송이능지, 내지서사 광위인설. 시제인등 어일념중 소유행원 개득성취 소획복취 무량무변.

能於煩惱大苦海中 拔濟衆生, 令其出離 皆得往生 阿彌陀佛 極樂世界.

능어번뇌대고해중 발제중생, 영기출리 개득왕생 아미타불 극락세계.

爾時 普賢菩薩摩訶薩 欲重宣此義 普觀十方 而說偈言.

이시 보현보살마하살 욕중선차의 보관시방 이설게언.

게 송
(偈頌)

1. 예경제불[1]의 노래

시방세계 곳곳마다 두루계시는
과거현재 미래세의 부처님들을
지극정성 몸과말과 마음을다해
빠짐없이 예배하고 공경합니다.

보현행원 깊이믿고 닦은힘으로
일체모든 부처님앞 몸나타내고
낱낱몸은 찰진수[2]몸 또나타내어
부처님을 예배하고 공경합니다.

---

1) 부처님들을 예배 · 공경하겠습니다.
2) 불찰미진수와 같은 의미.

1. 禮敬諸佛

所有十方世界中　三世一切人師子
我以淸淨身語義　一切遍禮盡無餘
소유시방세계중　삼세일체인사자
아이청정신어의　일체변례진무여

普賢行願威神力　普現一切如來前
一身復現刹塵身　一一遍禮刹塵佛
보현행원위신력　보현일체여래전
일신부현찰진신　일일변례찰진불

2. 칭찬여래[3]의 노래

무진법계 찰미진수 티끌속마다
많고많은 보살들께 싸여계시는
극미진수 부처님들 공덕장엄을
깊이믿고 찬양하고 찬탄합니다.

음악여신 미묘하신 온갖말로써
말들마다 온갖음성 모두내어서
부처님의 깊고깊은 공덕장엄을
일체겁이 다하도록 찬양합니다.

---

3) 부처님들의 공덕 장엄을 찬양 · 찬탄하겠습니다.

2. 稱讚如來

於一塵中塵數佛 各處菩薩衆會中
無盡法界塵亦然 深信諸佛皆充滿
어일진중진수불 각처보살중회중
무진법계진역연 심신제불개충만

各以一切音聲海 普出無盡妙言辭
盡於未來一切劫 讚佛甚深功德海
각이일체음성해 보출무진묘언사
진어미래일체겁 찬불심심공덕해

3. 광수공양[4]의 노래

아름답기 그지없는 꽃다발들과
좋은음악 좋은향과 좋은양산들
가장좋고 가장귀한 장엄구로써
한분한분 부처님께 공양합니다.

좋은의복 바르는향 뿌리는향과
태우는향 가지가지 등불과촛불
하나하나 수미산의 높이로모아
한분한분 부처님께 공양합니다.

보현보살 높은행원 닦은힘으로
과거현재 미래세의 부처님들을
깊이믿고 이해하는 마음가지며
빠짐없이 두루두루 공양합니다.

---

4) 부처님들께 많은 것을 공양하겠습니다.

3. 廣修供養

以諸最勝妙華鬘　伎樂塗香及傘蓋
如是最勝莊嚴具　我以供養諸如來
이제최승묘화만 기악도향급산개
여시최승장엄구 아이공양제여래

最勝衣服最勝香　末香燒香與燈燭
一一皆如妙高聚　我悉供養諸如來
최승의복최승향 말향소향여등촉
일일개여묘고취 아실공양제여래

我以廣大勝解心　深信一切三世佛
悉以普賢行願力　普遍供養諸如來
아이광대승해심 심신일체삼세불
실이보현행원력 보변공양제여래

4. 참회업장[5]의 노래

한량없이 긴긴세월 내려오면서
탐심이나 진심이나 치심때문에
몸과말과 마음으로 지었던죄업
하나하나 남김없이 참회합니다.

---

5) 업장을 참회하겠습니다.

4. 懺悔業障

我昔所造諸惡業 皆有無始貪瞋癡
從身語意之所生 一切我今皆懺悔
아석소조제악업 개유무시탐진치
종신어의지소생 일체아금개참회

5. 수희공덕[6]의 노래

시방삼세 모든중생 공덕행동과
성문연각 유학무학 공덕행동과
보살님과 부처님의 공덕행동을
모두기쁜 마음으로 따라합니다.

6) 남의 공덕 행동을 모두 기쁜 마음으로 따라 행하겠습니다.

5. 隨喜功德

十方一切諸衆生 二乘有學及無學
一切如來與菩薩 所有功德皆隨喜
시방일체제중생 이승유학급무학
일체여래여보살 소유공덕개수희

6. 청전법륜[7]의 노래

시방세계 비추시는 크고큰등불
가장먼저 큰깨달음 이루신님께
높고높은 미묘법문 설하시기를
모든정성 다하여서 간청합니다.

---

7) 설법해 주시기를 간절히 청하겠습니다.

6. 請轉法輪

十方所有世間燈 最初成就菩提者
我今一切皆勸請 轉於無上妙法輪
시방소유세간등 최초성취보리자
아금일체개권청 전어무상묘법륜

7. 청불주세[8]의 노래

예배공경 찬양찬탄 공양한복덕
오래계심 법문하심 청했던공덕
따라하고 참회하며 지은선근을
중생들과 깨달음에 모두주고서

이세상을 뜨시려는 부처님등께
영원토록 이세상에 함께계시며
중생에게 이로움과 즐거움주길
모든정성 다하여서 간청합니다.

---

8) 부처님 등께 이 세상에 계서 주시기를 간절히 청하겠습니다.

7. 請佛住世

諸佛若欲示涅槃 我悉至誠而勸請
唯願久住刹塵劫 利樂一切諸衆生
제불약욕시열반 아실지성이권청
유원구주찰진겁 이락일체제중생

所有禮讚供養佛 請佛住世轉法輪
隨喜懺悔諸善根 廻向衆生及佛道
소유예찬공양불 청불주세전법륜
수희참회제선근 회향중생급불도

8. 상수불학[9]의 노래

보현보살 원만행원 닦고익히며
시방삼세 부처님께 공양하면서
높고높은 부처님법 빠뜨리잖고
영원토록 시방삼세 전하렵니다.

시방세계 많고많은 모든중생이
높고높은 큰깨달음 모두이루게
높고높은 큰깨달음 모두이루신
시방삼세 부처님법 전하렵니다.

9) 항상 부처님의 법을 전하겠습니다.

8. 常隨佛學

我隨一切如來學 修習普賢圓滿行
供養過去諸如來 及與現在十方佛
아수일체여래학 수습보현원만행
공양과거제여래 급여현재시방불

未來一切天人師 一切意樂*皆圓滿
我願普隨三世學 速得成就大菩提
미래일체천인사 일체의요개원만
아원보수삼세학 속득성취대보리

---

* 一切意樂은 일체의요로 읽는 것이 적절하다.

9. 항순중생[10]의 노래

시방삼세 찰미진수 모든세계를
청정하고 아름답게 장엄하시고
큰보리수 나무아래 앉아계시며
보살들에 둘러싸인 부처님처럼

시방삼세 많고많은 모든중생이
깊고깊은 바른법문 배우고익혀
근심걱정 번뇌벗고 안락하도록
영원토록 편안하게 모시렵니다.

---

10) 모든 중생들을 항상 편안히 모시겠습니다.

9. 恒順衆生

所有十方一切刹 廣大淸淨妙莊嚴
衆會圍遶諸如來 悉在菩提樹王下
소유시방일체찰 광대청정묘장엄
중회위요제여래 실재보리수왕하

十方所有諸衆生 遠離憂患常安樂
獲得甚深正法利 滅除煩惱盡無餘
시방소유제중생 원리우환상안락
획득심심정법리 멸제번뇌진무여

10. 보개회향[11]의 노래

(1) 수지원[12]

큰깨달음 향한저의 수행공덕을
중생들이 출가하여 계행을닦고
더럽잖고 깨지잖고 새지않으며
숙명통[13]을 이루도록 회향합니다.

천룡들과 야차들과 구반다들과
인비인등 모든중생 음성으로써
낱낱음성 부처님의 미묘법문을
하나하나 빠짐없이 연설합니다.

---

11) 모든 공덕을 중생들에게 돌려드리겠습니다.
12) 모든 중생들과 함께 보현행원품을 받아지니겠습니다.
13) 과거 세상의 모든 것을 아는 능력.

10. 普皆廻向

(1) 受持願

我爲菩提修行時　一切趣中成宿命
常得出家修淨戒　無垢無破無穿漏
아위보리수행시　일체취중성숙명
상득출가수정계　무구무파무천루

天龍夜叉鳩槃茶　乃至人與非人等
所有一切衆生語　悉以諸音而說法
천룡야차구반다　내지인여비인등
소유일체중생어　실이제음이설법

(2) 수행이리원[14]

잠시라도 보리마음 잊지않으며
온갖정성 육바라밀[15] 닦고닦아서
모든업장 모든허물 멸해버리고
일체모든 미묘행원 성취합니다.

연꽃잎이 물방울에 물들지않듯
해와달이 구름위에 찬란하듯이
미혹한업 악마경계 세상사에도
높고높은 큰깨달음 이루렵니다.

---

14) 자리이타를 수행하겠습니다.
15) 부처가 되는 여섯 방법, 혹은 보살이 행해야 할 여섯 가지 행동. 즉 보시, 지계,
    인욕, 정진, 선정, 지혜.

(2) 修行二利願

勤修淸淨波羅蜜 恒不忘失菩提心
滅除障垢無有餘 一切妙行皆成就
근수청정바라밀 항불망실보리심
멸제장구무유여 일체묘행개성취

於諸惑業及魔境 世間道中得解脫
猶如蓮華不著水 亦如日月不住空
어제혹업급마경 세간도중득해탈
유여연화불착수 역여일월부주공

(3) 성숙중생원[16]

시방삼세 일체모든 중생들에게
지옥아귀 축생고통 없애어주고
모든기쁨 모든행복 만들어주며
영원토록 이로움을 주겠습니다.

보현보살 큰행원을 닦고닦으며
높고높은 큰깨달음 모두이루게
미래세상 일체겁이 다할때까지
영원토록 편안하게 모시렵니다.

16) 중생들과 함께 성숙하겠습니다.

(3) 成熟衆生願

悉除一切惡道苦 等與一切群生樂
如是經於刹塵劫 十方利益恒無盡
실제일체악도고 등여일체군생락
여시경어찰진겁 시방이익항무진

我常隨順諸衆生 盡於未來一切劫
恒修普賢廣大行 圓滿無上大菩提
아상수순제중생 진어미래일체겁
항수보현광대행 원만무상대보리

(4) 불리원[17]

보현행원 닦으려는 모든이들과
같은장소 같은곳에 함께모여서
지극정성 몸과말과 마음을다해
모든행원 빠짐없이 닦겠습니다.

나를위해 보현행원 일러주시고
어느때나 나와같이 함께계시며
이로움을 항상주는 선지식들께
어느때나 환희심을 드리렵니다.

---

17) 중생들과 함께 수행하겠습니다.

(4) 不離願

所有與我同行者 於一切處同集會
身口意業皆同等 一切行願同修學
소유여아동행자 어일체처동집회
신구의업개동등 일체행원동수학

所有益我善知識 爲我顯示普賢行
常願與我同集會 於我常生歡喜心
소유익아선지식 위아현시보현행
상원여아동집회 어아상생환희심

(5) 공양원[18]

찰미진수 미래겁이 다할때까지
힘들어도 하지않고 지겨워않고
불자들에 둘러싸인 부처님들을
항상뵙고 광대공양 올리렵니다.

부처님의 미묘법문 받아지니고
일체모든 보리행을 등불삼아서
찰미진수 미래겁이 다할때까지
지극정성 보현행원 닦겠습니다.

---

18) 공양하겠습니다.

(5) 供養願

願常面見諸如來　及諸佛子衆圍遶
於彼皆興廣大供　盡未來劫無疲厭
원상면견제여래 급제불자중위요
어피개흥광대공 진미래겁무피염

願持諸佛微妙法　光顯一切菩提行
究竟淸淨普賢道　盡未來劫常修習
원지제불미묘법 광현일체보리행
구경청정보현도 진미래겁상수습

(6) 이익원[19]

시방삼세 넓은세상 살아가면서
무량복덕 무량지혜 항상지으며
선정지혜 방편얻고 해탈하여서
한량없이 많은공덕 이루렵니다.

티끌마다 찰미진수 세계가있고
세계마다 보살들께 싸여계시는
상상할수 없이많은 부처님전에
보살의길 행동연습 하겠습니다.

---

19) 이로움을 드리겠습니다.

(6) 利益願

我於一切諸有中 所修福智恒無盡
定慧方便及解脫 獲諸無盡功德藏
아어일체제유중 소수복지항무진
정혜방편급해탈 획제무진공덕장

一塵中有塵數刹 一一刹有難思佛
一一佛處衆會中 我見恒演菩提行
일진중유진수찰 일일찰유난사불
일일불처중회중 아견항연보리행

(7) 전법륜원[20]

모든중생 즐거하는 소리를내고
소리마다 많고많은 음성을내고
음성마다 청정하신 부처님말씀
모든말씀 미묘법문 뿐이옵니다.

부처님은 청정하신 말씀하시고
말씀마다 많고많은 음성을내며
음성마다 모든중생 이롭게하니
모든말씀 미묘법문 뿐이옵니다.

과거현재 미래세의 부처님께서
한량없이 많고많은 말씀으로써
깊은이치 묘한법문 연설하시니
깊고깊은 지혜능력 이루렵니다.

---

20) 미묘 법문을 설하겠습니다.

(7) 轉法輪願

普盡十方諸刹海 一一毛端三世海
佛海及與國土海 我徧修行經劫海
보진시방제찰해 일일모단삼세해
불해급여국토해 아변수행경겁해

一切如來語淸淨 一言具衆音聲海
隨諸衆生意樂音 一一流佛辨才海
일체여래어청정 일언구중음성해
수제중생의요음 일일유불변재해

三世一切諸如來 於彼無盡語言海
恒轉理趣妙法輪 我深智力普能入
삼세일체제여래 어피무진어언해
항전이취묘법륜 아심지력보능입

(8) 정토원[21]

미래세상 모든겁을 빠뜨리잖고
일념중에 두루두루 들어갑니다.
현재세상 과거세상 모든겁들도
일념중에 두루두루 들어갑니다.

과거현재 미래세의 부처님들을
일념중에 두루두루 찾아뵈옵고
해탈위력 항상있는 꿈같은세계
불경계에 머물도록 서원합니다.

---

21) 부처님 세계에 머물겠습니다.

(8) 淨土願

我能深入於未來 盡一切劫爲一念
三世所有一切劫 爲一念際我皆入
아능심입어미래 진일체겁위일념
삼세소유일체겁 위일념제아개입

我於一念見三世 所有一切人師子
亦常入佛境界中 如幻解脫及威力
아어일념견삼세 소유일체인사자
역상입불경계중 여환해탈급위력

(9) 승사원[22]

불찰극미 작고작은 티끌속마다
시방세계 불찰극미 티끌속마다
나타나는 과거현재 미래세상을
아름답고 깨끗하게 장엄합니다.

성도하고 설법하고 교화하시고
하실일을 마치시고 열반드시는
과거현재 미래세상 비추고계신
무량무수 부처님을 친견합니다.

---

22) 부처님을 섬기겠습니다.

(9) 承事願

於一毛端極微中 出現三世莊嚴刹
十方塵刹諸毛端 我皆深入而嚴淨
어일모단극미중 출현삼세장엄찰
시방진찰제모단 아개심입이엄정

所有未來照世燈 成道轉法悟群有
究竟佛事示涅槃 我皆往詣而親近
소유미래조세등 성도전법오군유
구경불사시열반 아개왕예이친근

(10) 성정각원[23]

일념중에 두루하는 신통의힘과
일체문에 두루하는 대승의힘과
지와행을 널리닦은 공덕의힘과
위신으로 널리덮는 자비의힘과

청정장엄 두루하는 복덕의힘과
집착않고 의지않는 지혜의힘과
선정지혜 모든방편 위신의힘과
착한행동 쌓아모은 깨달음의힘

일체모든 선한업을 지었던힘과
일체모든 번뇌들을 멸했던힘과
일체모든 악마들을 항복받은힘
보현행원 원만하게 이룬힘으로

---

23) 바른 깨달음을 이루겠습니다.

(10) 成正覺願

速疾周徧神通力　普門徧入大乘力
智行普修功德力　威神普覆大慈力
속질주변신통력　보문변입대승력
지행보수공덕력　위신보부대자력

徧淨莊嚴勝福力　無着無依智慧力
定慧方便威神力　普能積集菩提力
변정장엄승복력　무착무의지혜력
정혜방편위신력　보능적집보리력

淸淨一切善業力　摧滅一切煩惱力
降伏一切諸魔力　圓滿普賢諸行力
청정일체선업력　최멸일체번뇌력
항복일체제마력　원만보현제행력

(11) 총결대원[24]

무량세계 아름답고 깨끗이하며
일체모든 중생들을 해탈시키며
무량법문 빠짐없이 배우고익혀
깊고깊은 무량지혜 이루렵니다.

지극정성 몸과말과 마음을다해
일체모든 행원들을 모두이루며
한량없는 부처님을 공양하면서
권태없이 무량겁을 수행합니다.

가장높은 큰깨달음 행원이루신
과거현재 미래세의 부처님들께
보현행원 빠짐없이 행해올리며
높고높은 보살의길 이루렵니다.

---

24) 큰 행원들을 모두 이루겠습니다.

(11) 總結大願

普能嚴淨諸刹海 解脫一切衆生海
善能分別諸法海 能甚深入智慧海
보능엄정제찰해 해탈일체중생해
선능분별제법해 능심심입지혜해

普能淸淨諸行海 圓滿一切諸願海
親近供養諸佛海 修行無倦經劫海
보능청정제행해 원만일체제원해
친근공양제불해 수행무권경겁해

三世一切諸如來 最勝菩提諸行願
我皆供養圓滿修 以普賢行悟菩提
삼세일체제여래 최승보리제행원
아개공양원만수 이보현행오보리

(12) 결귀보현원[25]

부처님의 가르침을 가장잘따른
그이름도 거룩하신 보현보살님
보현보살 지혜행원 모두이루고
제가지은 온갖선근 회향합니다.

시방삼세 많고많은 불국토에서
지극정성 몸과말과 마음을다해
모든지혜 이룩하신 보현보살님
보살께서 가신길을 따르렵니다.

---

25) 보현 보살처럼 하겠습니다.

(12) 結歸普賢願

一切如來有長子 彼名號曰普賢尊
我今廻向諸善根 願諸智行悉同彼
일체여래유장자 피명호왈보현존
아금회향제선근 원제지행실동피

願身口意恒淸淨 諸行刹土亦復然
如是智慧號普賢 願我如彼皆同等
원신구의항청정 제행찰토역부연
여시지혜호보현 원아여피개동등

(13) 결귀문수원[26]

미래세가 다하도록 힘들어않고
미래세가 다하도록 지겨워않고
보현보살 광대행원 모두이루고
문수대원 빠짐없이 이루렵니다.

한량없는 수행들을 닦고닦아서
한량없는 공덕들을 모두이루고
한량없는 선행들을 모두하여서
모든신통 빠짐없이 이루렵니다.

문수보살 용맹지를 모두이루고
보현보살 지혜행을 모두닦은후
문수보현 따르면서 이룬선근을
중생에게 하나하나 회향합니다.

____

26) 문수 보살처럼 하겠습니다.

(13) 結歸文殊願

我爲徧淨普賢行 文殊師利諸大願
滿彼事業盡無餘 未來諸劫恒無倦
아위변정보현행 문수사리제대원
만피사업진무여 미래제겁항무권

我所修行無有量 獲得無量諸功德
安住無量諸行中 了達一切神通力
아소수행무유량 획득무량제공덕
안주무량제행중 요달일체신통력

文殊師利勇猛智 普賢慧行亦復然
我今廻向諸善根 隨彼一切常修學
문수사리용맹지 보현혜행역부연
아금회향제선근 수피일체상수학

(14) 결귀회향원[27]

시방삼세 부처님을 찬탄하고서
높고높은 많은행원 모두닦은후
보현보살 높은행원 닦으며이룬
모든선근 빠짐없이 회향합니다.

---

27) 모두 회향하겠습니다.

(14) 結歸廻向願

三世諸佛所稱歎 如是最勝諸大願
我今廻向諸善根 爲得普賢殊勝行
삼세제불소칭탄 여시최승제대원
아금회향제선근 위득보현수승행

(15) 원생정토원[28]

목숨다해 임종하는 마지막순간
모든업장 모든장애 소멸시키고
대자대비 아미타불 만나기위해
아미타불 극락세계 왕생합니다.

고통없는 극락세계 왕생후에도
중생에게 이로움을 주기위하여
보현보살 넓고크고 높은행원을
하나하나 빠짐없이 이루렵니다.

부처님의 청정하신 중회도량인
깨끗하고 아름다운 연꽃속에서
무량광불 부처님을 친견하고서
부처님의 성불수기 받겠습니다.

부처님의 성불수기 받은후에도
한량없는 백천만억 몸나타내고
지혜의힘 시방세계 널리펼치어
중생에게 이로움을 주겠습니다.

---

28) 극락 세계에 태어나도록 하겠습니다.

(15) 願生淨土願

願我臨欲命終時　盡除一切諸障碍
面見彼佛阿彌陀　卽得往生安樂刹
원아임욕명종시　진제일체제장애
면견피불아미타　즉득왕생안락찰

我旣往生彼國已　現前成就此大願
一切圓滿盡無餘　利樂一切衆生界
아기왕생피국이　현전성취차대원
일체원만진무여　이락일체중생계

彼佛衆會咸淸淨　我是於勝蓮華生
親覩如來無量光　現前受我菩提記
피불중회함청정　아시어승연화생
친도여래무량광　현전수아보리기

蒙彼如來授記已　化身無數百俱胝
智力廣大徧十方　普利一切衆生界
몽피여래수기이　화신무수백구지
지력광대변시방　보리일체중생계

(16) 총결십문무진원[29]

허공계와 중생계가 끝날때까지
중생업과 중생번뇌 끝날때까지
이러한것 하나라도 남아있는한
영겁토록 보현행원 닦겠습니다.

---

29) 열 가지 행원을 모두 닦겠습니다.

(16) 總結十門無盡願

乃至虛空世界盡 衆生及業煩惱盡
如是一切無盡時 我願究竟恒無盡
내지허공세계진 중생급업번뇌진
여시일체무진시 아원구경항무진

(17) 경수승공덕[30]

시방삼세 모든세계 채울수있는
온갖보배 부처님께 공양하고서
좋은안락 하늘이나 사람들에게
찰진수겁 보시하는 사람보다도

높고높은 보현행원 잠깐이라도
귀로듣고 마음으로 믿음을내고
간절하게 보살의길 가려고하는
이사람이 짓는공덕 저보다많다.

---

30) 이 경을 가까이 하거나 읽는 것은 매우 공덕이 큽니다.

(17) 經殊勝功德

十方所有無邊刹 莊嚴衆寶供如來
最勝安樂施天人 經一切刹微塵劫
시방소유무변찰 장엄중보공여래
최승안락시천인 경일체찰미진겁

若人於此勝願王 一經於耳能生信
求勝菩提心渴仰 獲勝功德過於彼
약인어차승원왕 일경어이능생신
구승보리심갈앙 획승공덕과어피

(18) 통현제행익[31]

한순간도 나쁜마음 가지지않고
영원토록 고통세상 만나지않고
부처님의 한량없는 광명속에서
높고높은 보현행원 이루렵니다.

날때마다 긴긴수명 향유하면서
날때마다 사람으로 환생하여서
보현보살 크고넓은 모든행원을
하나하나 빠짐없이 이루렵니다.

긴긴세월 우둔하고 어리석어서
무간지옥 빠질중죄 지었더라도
보현보살 큰행원을 읽고읽어서
일념중에 모든중죄 소멸합니다.

31) 수행의 여러 가지 공덕들을 모두 나타내겠습니다.

(18) 通顯諸行益

卽常遠離惡知識　永離一切諸惡道
速見如來無量光　具此普賢最勝願
즉상원리악지식　영리일체제악도
속견여래무량광　구차보현최승원

此人善得勝壽命　此人善來人衆生
此人不久當成就　如彼普賢菩薩行
차인선득승수명　차인선래인중생
차인불구당성취　여피보현보살행

往昔有無智慧力　所造極惡五無間
誦此普賢大願王　一念速疾皆消滅
왕석유무지혜력　소조극악오무간
송차보현대원왕　일념속질개소멸

날적마다 좋은가문 좋은얼굴과
좋은모습 밝은지혜 원만히이뤄
악마들과 외도들의 범접을막고
삼계중생 온갖공양 받으렵니다.

머지않아 보리나무 밑에앉아서
악마군중 빠짐없이 항복받고서
큰깨달음 이루고서 법을설하여
모든중생 이로움게 하겠습니다.

族姓種類及容色 相好智慧咸圓滿
諸魔外道不能摧 堪爲三界所應供
족성종류급용색 상호지혜함원만
제마외도불능최 감위삼계소응공

速詣菩提大樹王 坐已降伏諸魔衆
成等正覺轉法輪 普利一切諸含識
속예보리대수왕 좌이항복제마중
성등정각전법륜 보리일체제함식

(19) 결권수지[32]

보현행원 읽고읽어 받아지니고
남들에게 널리널리 전하여주면
부처님은 그과보를 알수있으며
높고높은 큰깨달음 이루옵니다.

보현행원 읽는사람 짓는공덕을
아주작은 일부분만 말씀올리면
잠깐동안 생각하는 공덕으로도
중생들이 청정원을 이루옵니다.

고통바다 빠져있는 모든중생이
아미타불 극락세계 왕생하도록
높고높은 보현행원 닦아온공덕
남김없이 중생에게 드리렵니다.

---

32) 받아지녀 계속 읽기를 권하겠습니다.

(19) 結勸受持

若人於此普賢願 讀誦受持及演說
果報唯佛能證知 決定獲勝菩提道
약인어차보현원 독송수지급연설
과보유불능증지 결정획승보리도

若人誦此普賢願 我說少分之善根
一念一切悉皆圓 成就衆生淸淨願
약인송차보현원 아설소분지선근
일념일체실개원 성취중생청정원

我此普賢殊勝行 無邊勝福皆廻向
普願沈溺諸衆生 速往無量光佛刹
아차보현수승행 무변승복개회향
보원침익제중생 속왕무량광불찰

(보현 보살 마하살께서 부처님 앞에서 지극정성으로 이 넓고 큰 보현행원의 게송을 부르시자 선재 동자님께서는 기뻐하며 한량없이 뛰셨고, 보살님들께서도 모두 크게 기뻐하셨으며, 부처님께서는 '잘 하셨습니다. 정말 잘 하셨습니다' 하며 칭찬하셨습니다.

부처님께서 거룩하신 보살 마하살들과 함께 이 불가사의 해탈 경계의 높은 법문을 다 말씀하셨을 때에, 문수 보살님을 비롯한 큰 보살님들과 이 분들께서 성숙시키신 육천 스님들,

미륵 보살님을 비롯한 현재 겁의 모든 큰 보살님들,

(爾時 普賢菩薩摩訶薩 於如來前 說此普賢 廣大願王 淸淨
偈已, 善財童子 踊躍無量, 一切菩薩 皆大歡喜, 如來讚言 善
哉善哉.
　이시 보현보살마하살 어여래전 설차보현 광대원왕 청정
게이, 선재동자 용약무량, 일체보살 개대환희, 여래찬언 선
재선재.

　爾時 世尊 與諸聖者 菩薩摩訶薩 演說 如是 不可思議 解脫
境界 勝法門時, 文殊師利菩薩 而爲上首 諸大菩薩 及所成熟
六千比丘,
　이시 세존 여제성자 보살마하살 연설 여시 불가사의 해탈
경계 승법문시, 문수사리보살 이위상수 제대보살 급소성숙
육천비구,

　彌勒菩薩 而爲上首 賢劫 一切 諸大菩薩,
　미륵보살 이위상수 현겁 일체 제대보살,

보현 보살님을 비롯한 일생보처[43]이시며 관정위[44]에 이르신 큰 보살님들과 널리 시방 여러 세계에서 모이신 극미진수 모든 보살 마하살,

사리불 보살님과 마하 목건련 보살님을 비롯한 큰 성문들과 인간과 하늘 범천과 하늘과 용과 야차와 건달바[45]와 아수라[46]와 가루라[47]와 긴나라[48]와 마후라가[49] 인비인 등의 모든 대중들께서 부처님의 말씀을 듣고 모두 크게 기뻐하며 믿고 받들어 행하셨습니다)

---

43) 금생 한생 동안 좌우에서 부처님을 보좌하시고 다음에는 부처가 되는 보살의 지위.

44) 다음에 바로 부처가 되는 지위.

45) 제석천의 음악을 관장하는 신이며 향을 먹고 산다. '건달' 이라는 말과 관련 있다.

46) 싸움을 일삼고, 화를 잘내며 하늘에 도전하기를 잘하는 신.

47) 금시조라고도 하며, 용을 잡아먹는 사나운 새.

48) 머리는 사람, 몸은 새의 형태를 한 괴물 같은 신. 노래와 춤을 좋아한다.

49) 인비인이라고도 하며, 인간 같기도 하고 인간이 아닌 것 같기도 한 신.

無垢普賢菩薩 而爲上首 一生補處 住灌頂位 諸大菩薩 及
餘十方 種種世界 普來集會 一切刹海 極微塵數 諸菩薩摩訶
薩衆,

무구보현보살 이위상수 일생보처 주관정위 제대보살 급
여시방 종종세계 보래집회 일체찰해 극미진수 제보살마하
살중,

大智舍利弗 摩訶目犍連等 而爲上首 諸大聲聞 幷諸人天
一切世主 天 龍 夜叉 乾闥婆 阿修羅 迦樓羅 緊那羅 摩睺羅
伽 人非人等 一切大衆 聞佛所說 皆大歡喜 信受奉行)

대지사리불 마하목건련등 이위상수 제대성문 병제인천
일체세주 천 룡 야차 건달바 아수라 가루라 긴나라 마후라
가 인비인등 일체대중 문불소설 개대환희 신수봉행)

역자 발문

산문인 장항의 경우에는 비교적 스님의 지도를 잘 받들었다고 봅니다. 스님께서 흡족해 하셨습니다. 유문인 게송의 경우에는 스님의 지도를 제대로 받들지 못했습니다. 스님께서 흡족해 하시지 않으셨습니다. "큰 무리가 없으니 그대로 출간하자"는 스님의 양해를 얻어 출간하게 되었습니다. 한글세대들과 빨리 나누어 보고자 하는 욕심으로 부족한 번역을 출간하게 된 점에 대해 독자들의 양해와 용서를 빕니다.

그리고 스님께서는 고통 바다를 헤매는 중생들을 위해 많은 경전을 풀어쓰시고, 미묘 법문을 설하시고, 승가대학원 원장직을 수행하시면서 많은 삼장 법사님들을 배출하고 계시는 것이야 세상이 다 아는 일이니 제가 말씀드리지 않아도 될 것 같습니다.

스님께 정말 여러 가지로 감사의 은혜를 입었습니다. 여기에서는 두 가지를 말씀드리고 싶습니다. 첫째, 천진난만하시며(?), 대자대비에도 걸리지 않으시는 대 성현의 모습을 보여 주신데 대해 진심으로 감사를 올립니다. 둘째, 참으로 자상하게 지도해 주시고 공역자의 자리에까지 내려와 주신데 대해 감사를 올립니다. 스님과 인연 있는 분의 '돌발적인 제안'으로 생긴 일이지만, 저로서는 황송하고 황망할 뿐입니다. 너무나 고맙습니다.

이 책을 내면서 몇 가지 부탁 말씀을 올리고자 합니다. 금강경은 동양 문화의 핵심이며, 보현행원품은 동양 문화의 총결론입니다. 교육 일선에서 수고하시는 선생님들께서는 초·중·고등학교 12년 동안 금강경과 보현행원품을 백 시간 이상 독송하도록 해 주시면 참 고맙겠습니다.

또 종단협의회나 조계종에서 금강경, 보현행원품, 입법계품, 화엄경, 법화경, 지장경, 아미타경, 관음경, 대승기신론, 원인론, 초발심자경문 등의 중요 경전에 대해서 매년 돌아가면서 번역 대회를 개최하여, 좋은 한글 불경을 만들어 주시면 참 고맙겠습니다. 아울러 심리상담자 및 상담 자원봉사자들께서 금강경과 보현행원품을 항상 가까이 해 주시면 참 고맙겠습니다.

공역자의 자리라 열거하지는 못하지만, 많은 분들의 많은 도움으로 이 책이 만들어졌습니다. 정말 감사합니다. 이 책의 출간을 허락해준 우리출판사에도 감사드립니다.

끝으로 한 가지 안내 말씀을 드리겠습니다. 저의 홈페이지는 www-2.knu.ac.kr/~happiness입니다. 홈페이지에는 ①보현행원

품, 금강경, 아미타경, 관음경 등 중요 불교 경전 번역에 대한 저의
소견이 제시될 것이며, ②행복훈련, 화화화, 한국동서정신과학회
등 저의 활동 영역들이 소개되어 있습니다.

또한 제가 번역한 단행본의 판권은 출판사에 있으나, 각 사찰의
신행수첩이나 다른 출판사의 불교 성전에서도 활용할 수 있습니다.
그렇지만 저의 서면 동의를 받은 후에 사용해 주시면 고맙겠습니
다. 신행 수첩이나 불교 성전에 활용할 수 있도록 협조해 주신 출판
사에 진심으로 감사드립니다.

모두 모두 부처님 되십시오.

대심 조현춘 합장

한글세대를 위한 독송용

보현행원품

초판 인쇄 • 2000년 8월 29일
초판 발행 • 2000년 9월 4일

공   역 • 무비스님 · 조현춘
발행인 • 김 동 금
발행처 • 우리출판사

등록 제9-139호
서울특별시 서대문구 충정로3가 1-38호
Tel. (02)313-5047, 313-5056
FAX.(02)393-9696
E-mail: woribook@chollian.net

ISBN 89-7561-133-7 03220

정가 5,000원